Tu trouveras à l'intérieur

- 16 coloriages
- De l'écriture (3 niveaux de difficulté)
- 16 grilles de mots mêlés (2 niveaux de difficulté)
- 16 labyrinthes (3 niveaux de difficulté)
- 16 décryptages en espagnol.

Je promets à mon papa et ma maman qu'à la fin de ce carnet je saurai colorier, écrire et parler espagnol.

Repasse sur le mot grisé

CHEVAL   CHEVAL

Suis les pointillés

CHEVAL CHEVAL

Ecrit le sans aide maintenant, tu sais le faire :)

Cherche le mot "CHEVAL"

```
A L O Q Z T A
U Y C Y M Y N
T I H P A Y S
Y Y E Y X Y O
R I V Q A Y S
T I A L A Y S
E Y L Y E B C
```

Aide le cheval à sortir du labyrinthe

Décryptage en Espagnol

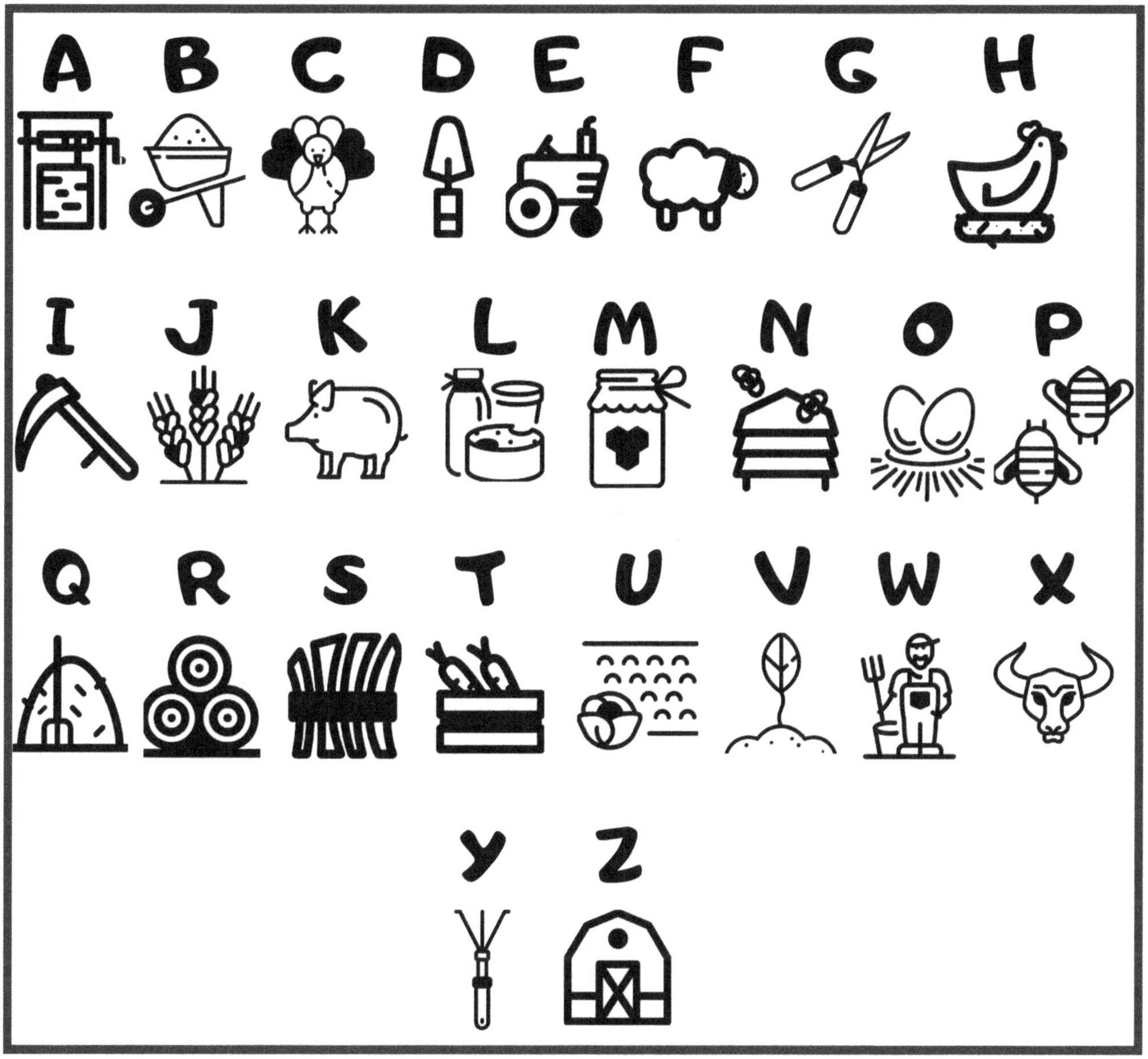

Décrypte l'énigme qui te permettra de traduire "CHEVAL" en espagnol.

___ ___ ___ ___ ___ ___ ___

CHEVRE

Ecrit le sans aide maintenant, tu sais le faire :)

Cherche le mot "CHEVRE"

```
A L O Q Z T E
U Y C Y J Y U
T R I C H Y S
Y C H E V R E
R I V E R I S
T I T L I G S
I Y L Y E B O
```

Aide la chèvre à sortir du labyrinthe

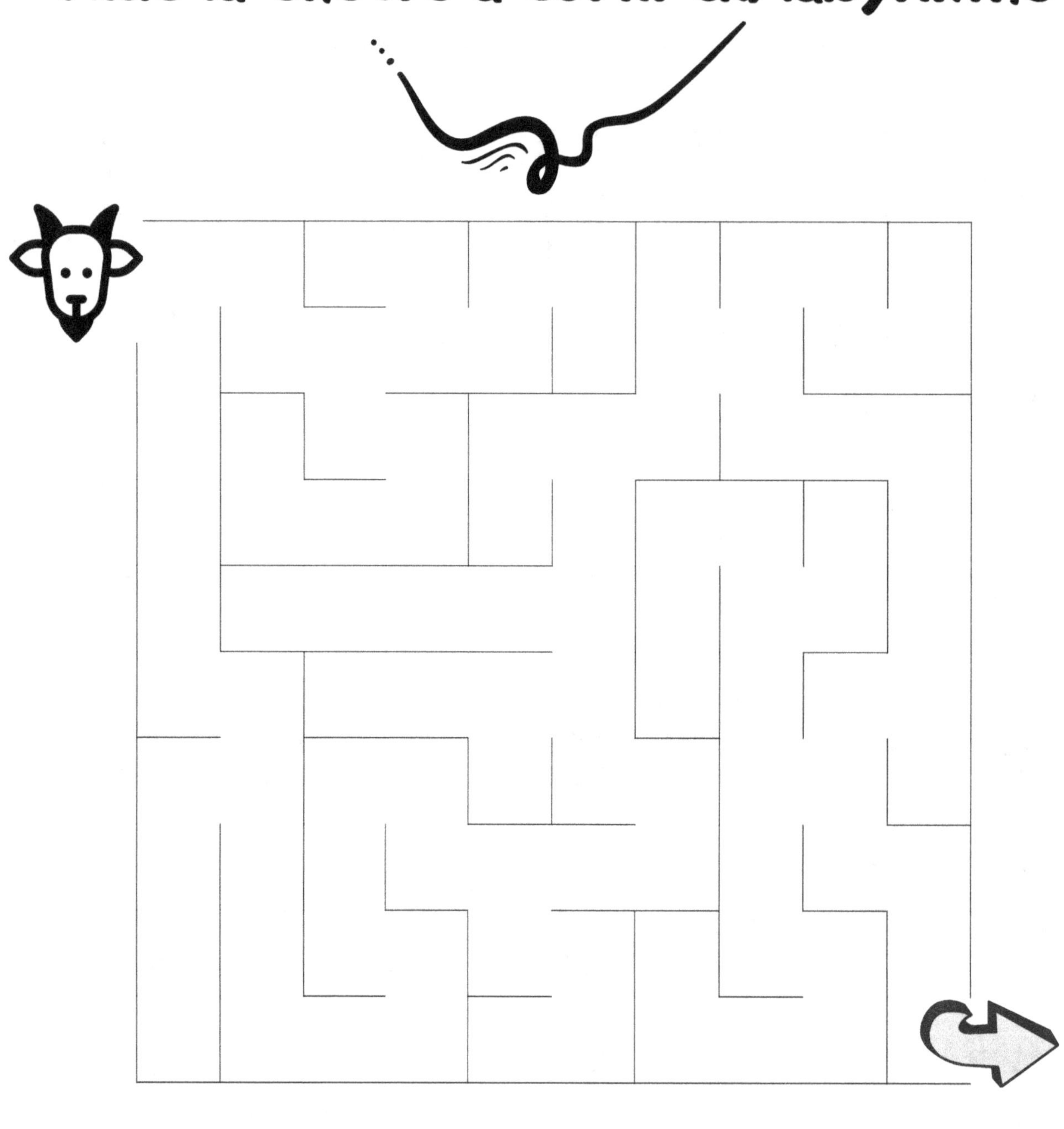

Décryptage en Espagnol

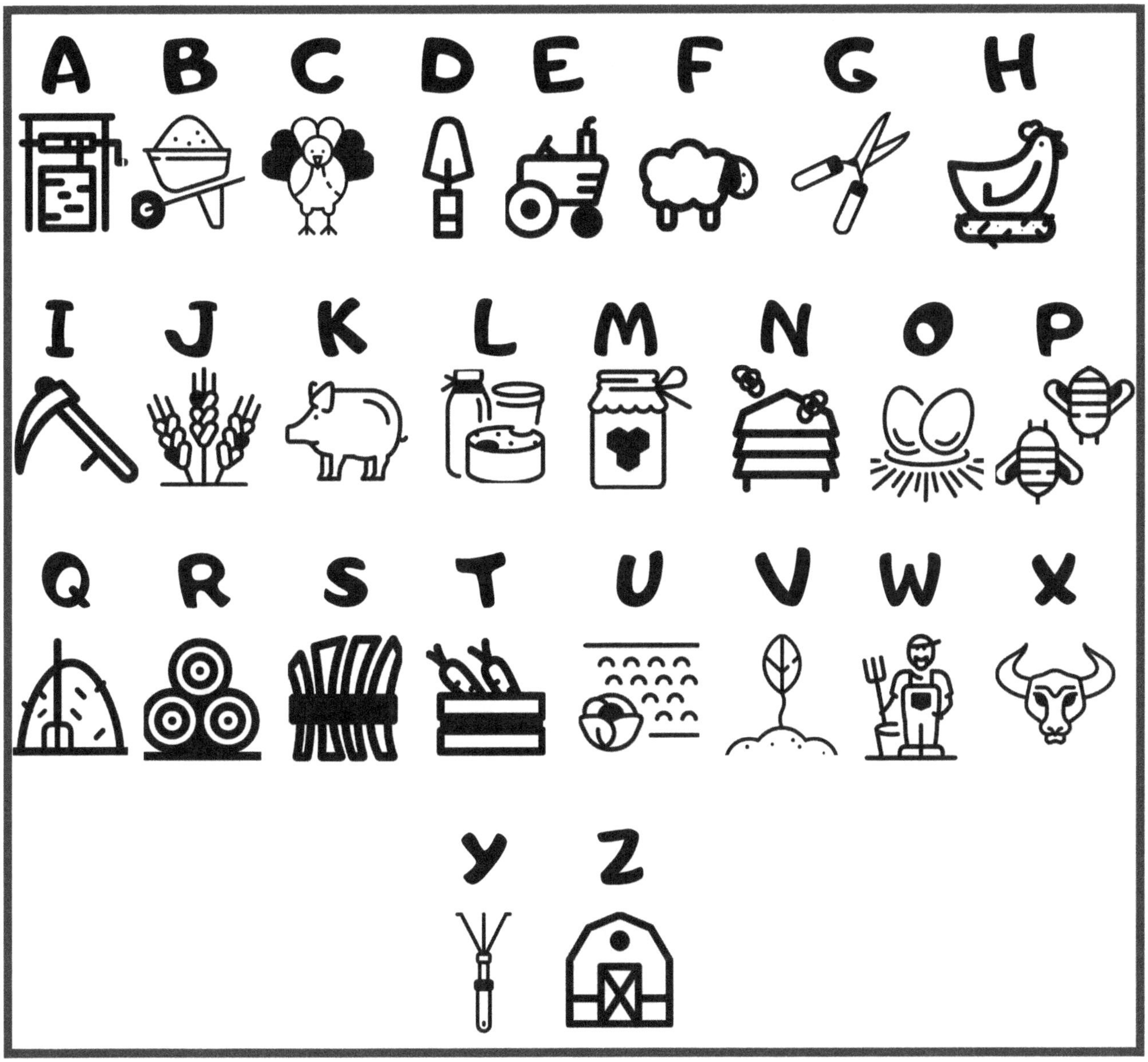

A	B	C	D	E	F	G	H
I	J	K	L	M	N	O	P
Q	R	S	T	U	V	W	X

Y	Z

Décrypte l'énigme qui te permettra de traduire "CHEVRE" en espagnol.

___ ___ ___ ___ ___

Un taureau

TAUREAU

Cherche le mot "TAUREAU"

```
U L O Q Z F U
L A C Y X T I
T A U R E A U
Y Y E Y O Y A
P I V T A Y S
T L A P A F S
B I B I E Y H
```

Aide le taureau à sortir du labyrinthe

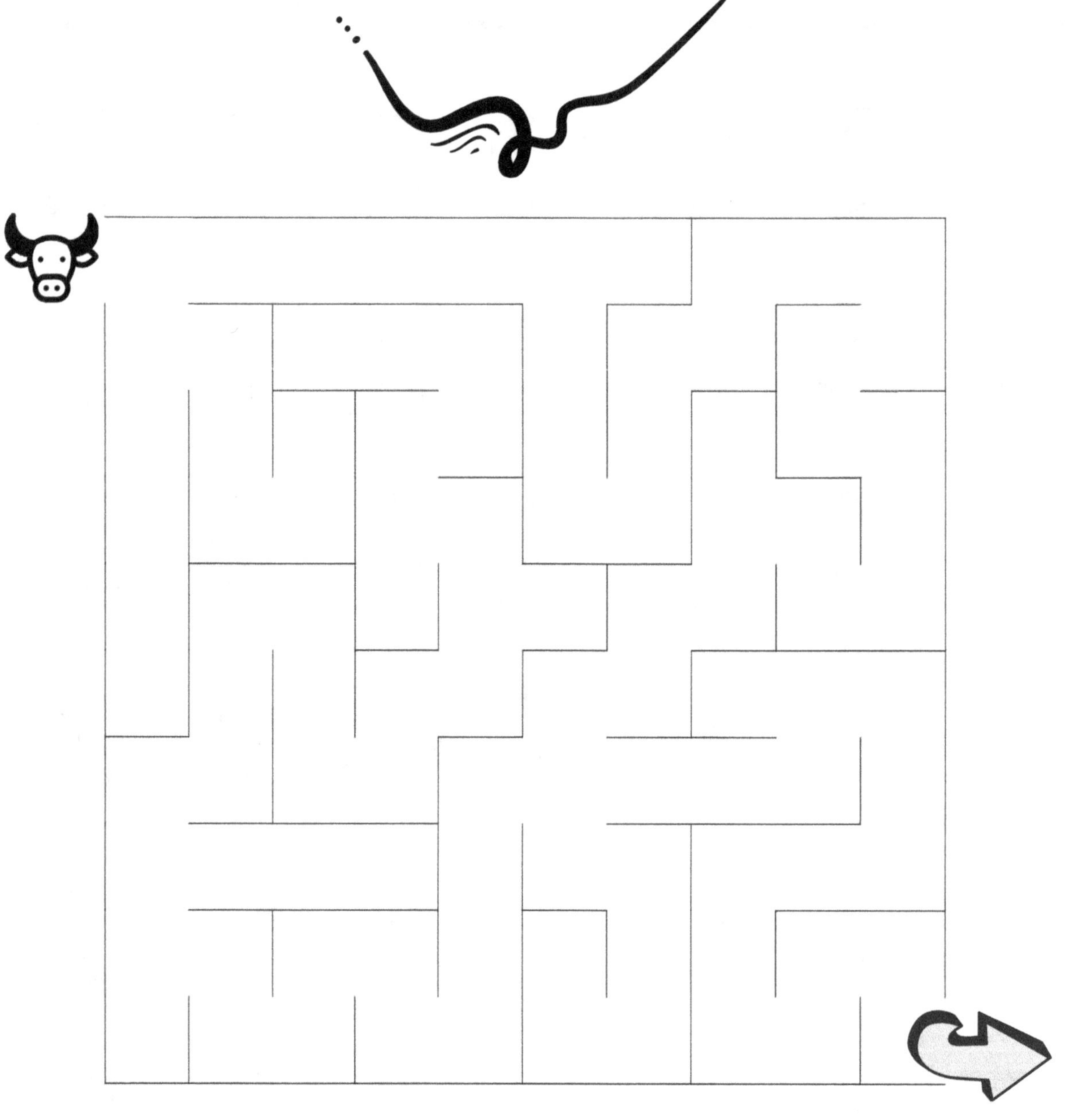

Décryptage en Espagnol

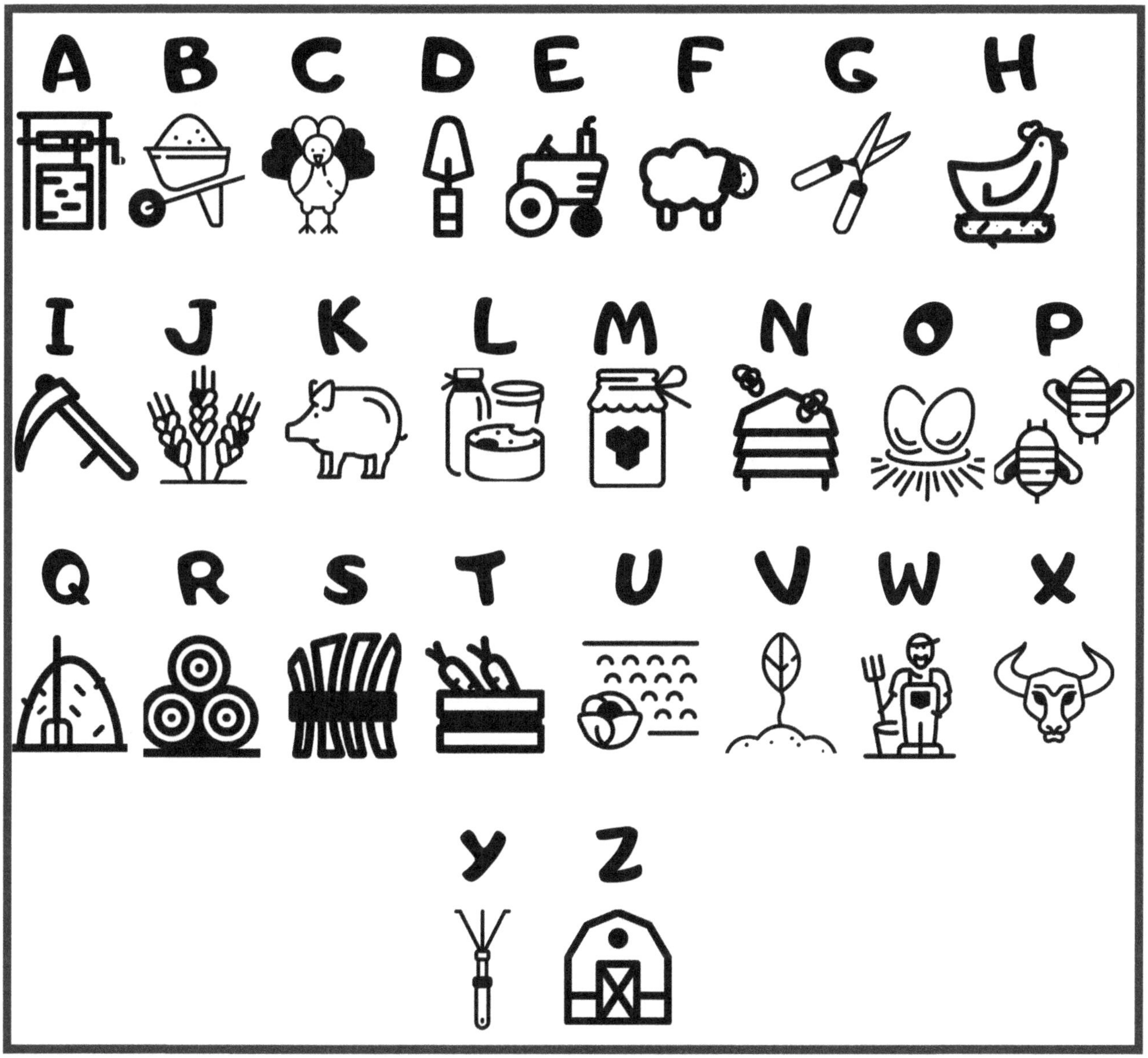

Décrypte l'énigme qui te permettra de traduire "**TAUREAU**" en espagnol.

____ ____ ____ ____

BELIER

Ecrit le sans aide maintenant, tu sais le faire :)

Cherche le mot "BELIER"

U L O O Z H C
Y O X F Y B Z
T I H P A E S
X Y C Y Y L Y
P I V P A I S
T I P P A E S
F Y A Y G R F

Aide le bélier à sortir du labyrinthe

Décryptage en Espagnol

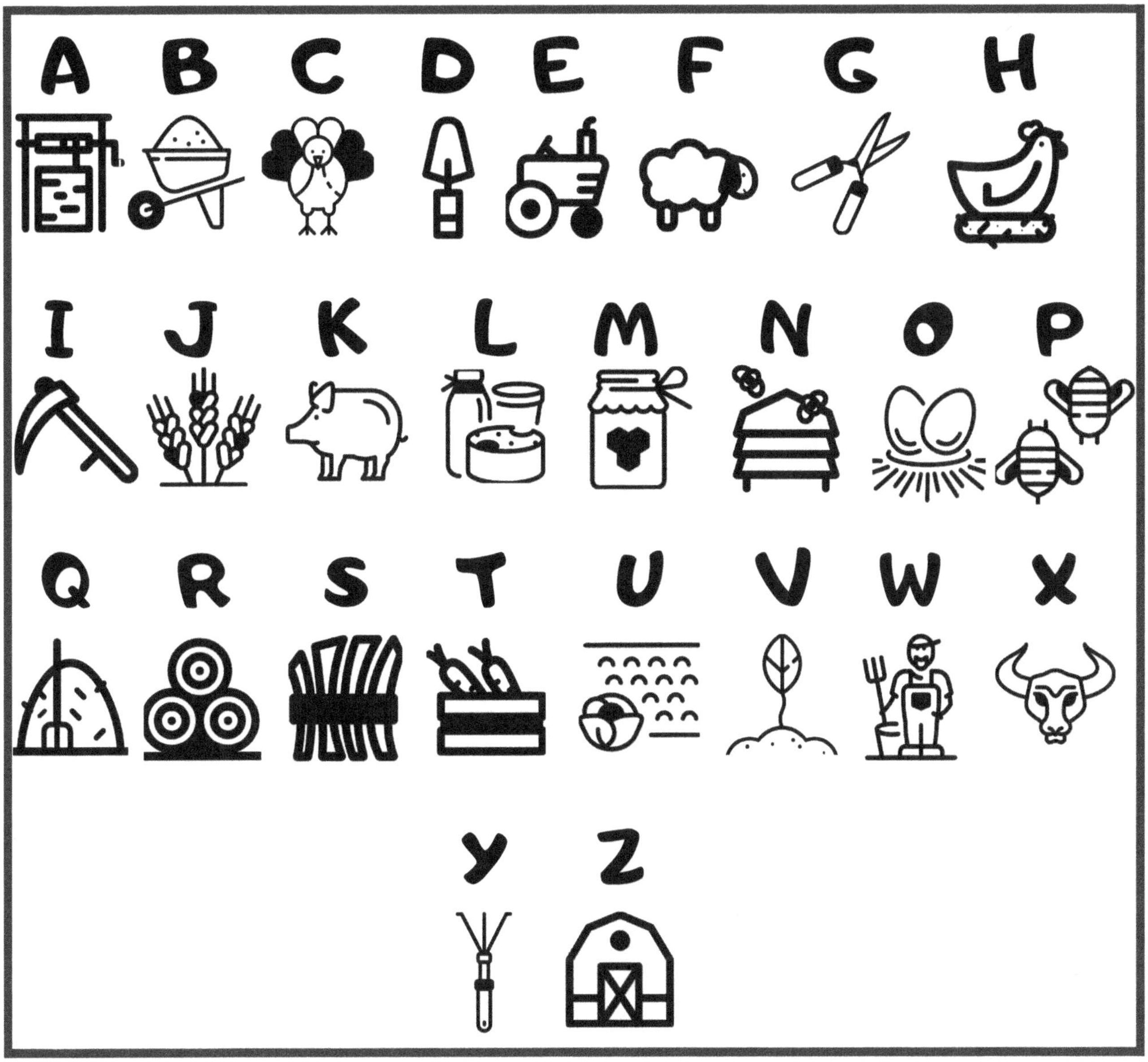

A	B	C	D	E	F	G	H
I	J	K	L	M	N	O	P
Q	R	S	T	U	V	W	X

Y	Z

Décrypte l'énigme qui te permettra de traduire "BELIER" en espagnol.

_____ _____ _____ _____ _____ _____

POUSSIN

Ecrit le sans aide maintenant, tu sais le faire :)

Cherche le mot "POUSSIN"

A L O Q Z P A
Y Y C Y Y S Y
T I H P A Y S
Y Y P Y Q B Y
T I V P A Y S
P O U S S I N
B Y L U Y F Y

Aide le poussin à sortir du labyrinthe

Décryptage en Espagnol

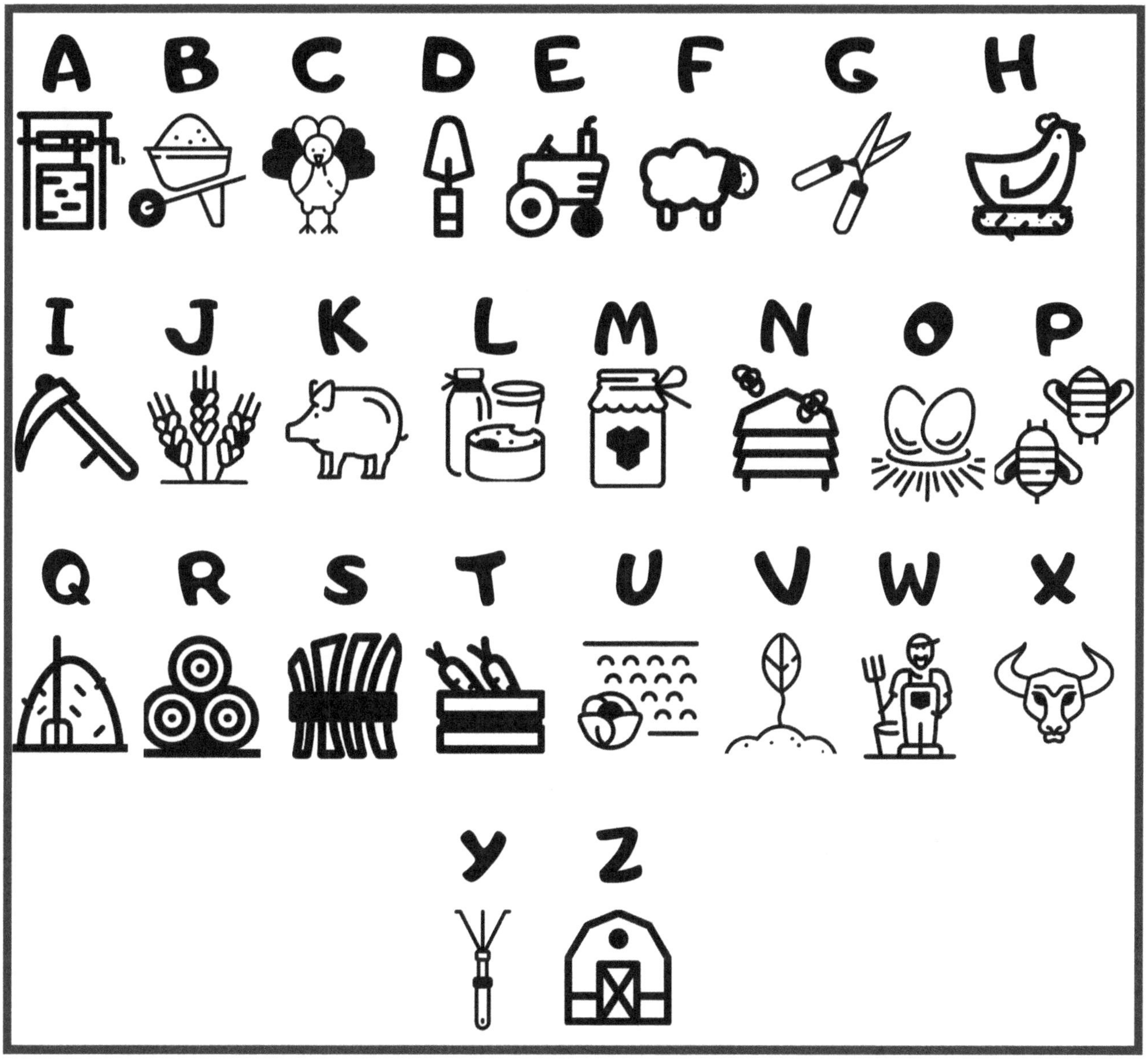

Décrypte l'énigme qui te permettra de traduire **"POUSSIN"** en espagnol.

____ ____ ____ ____ ____ ____ ____

Une vache

VACHE

Ecrit le sans aide maintenant, tu sais le faire :)

VLOQZLU
AYPYYOY
CIUTAYS
HYDYEYY
EIVPECS
TIAPANS
QYAYSYN

Aide la vache à sortir du labyrinthe

Décryptage en Espagnol

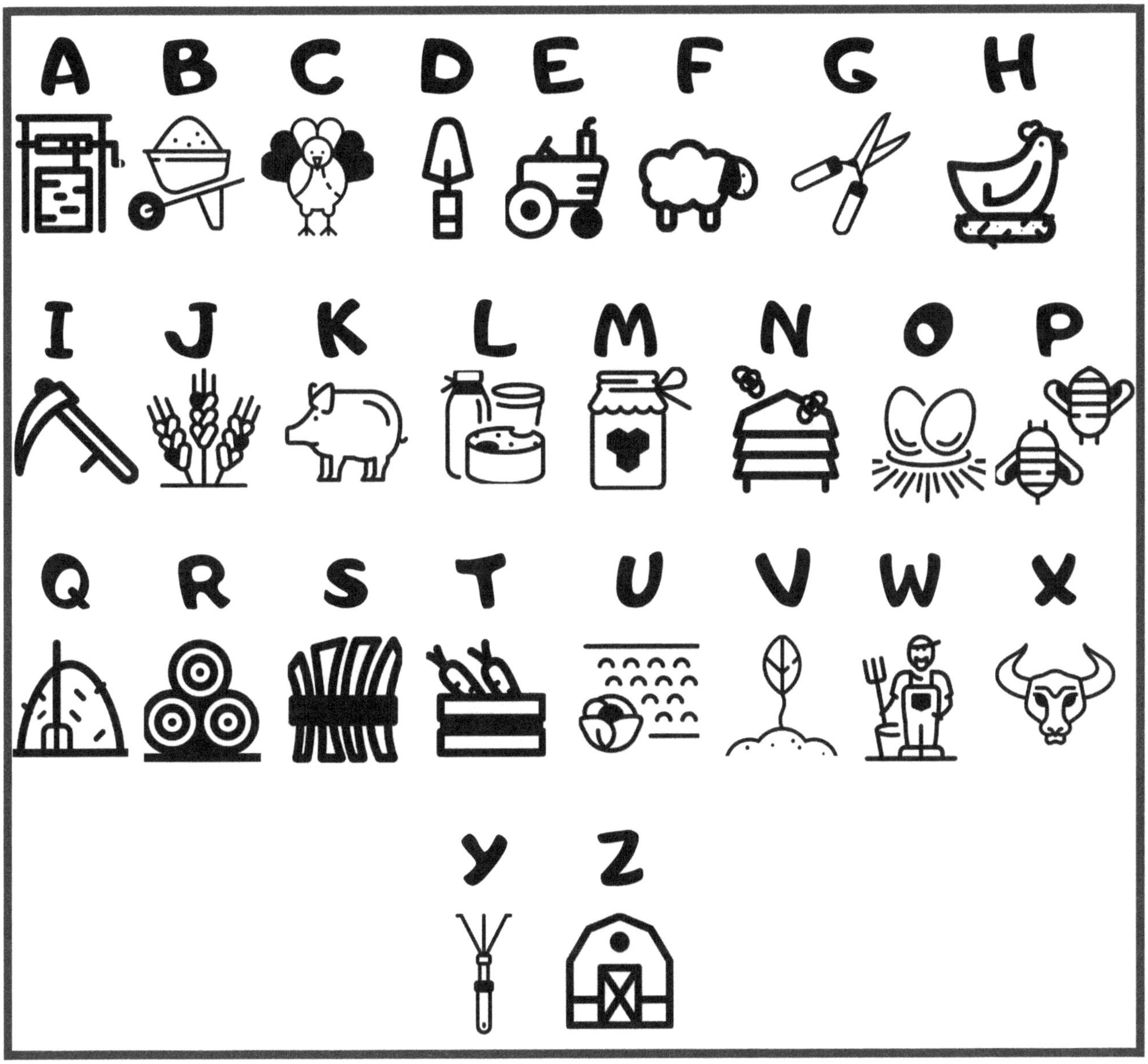

A	B	C	D	E	F	G	H

I	J	K	L	M	N	O	P

Q	R	S	T	U	V	W	X

Y	Z

Décrypte l'énigme qui te permettra de traduire "VACHE" en espagnol.

_____ _____ _____ _____

LAPIN

LAPIN

LAPIN   LAPIN

Ecrit le sans aide maintenant, tu sais le faire :)

Cherche le mot "LAPIN"

```
U L O Q G P A
I Y K Y Y Q Y
T I I P A Y S
Y Y C Y K Y F
J I V P A Y S
T I D Z C U S
Y M L A P I N
```

Aide le lapin à sortir du labyrinthe

Décryptage en Espagnol

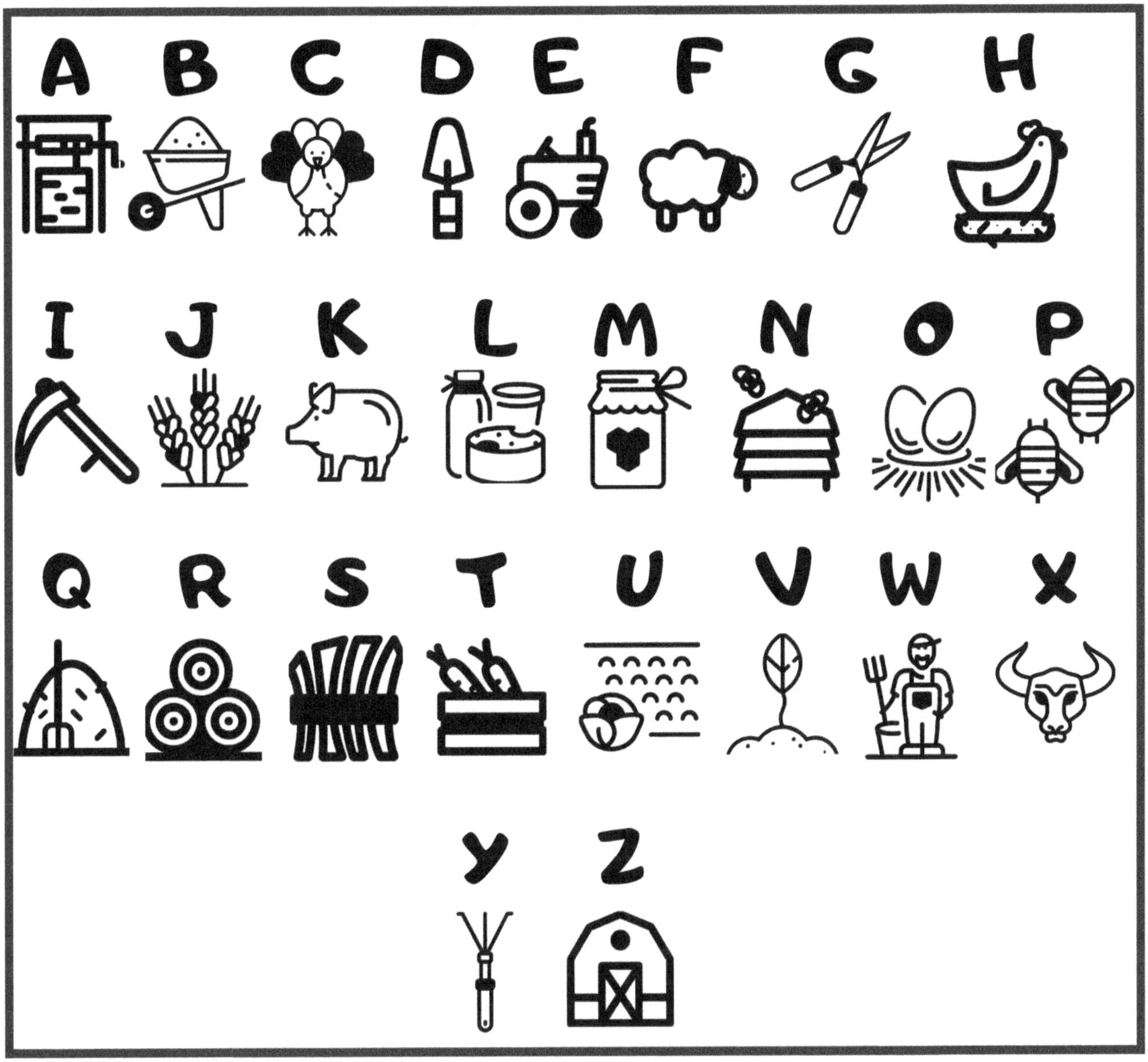

A	B	C	D	E	F	G	H

I	J	K	L	M	N	O	P

Q	R	S	T	U	V	W	X

Y	Z

Décrypte l'énigme qui te permettra de traduire "LAPIN" en espagnol.

___ ___ ___ ___ ___ ___

COCHON

Ecrit le sans aide maintenant, tu sais le faire :)

Cherche le mot "COCHON"

R L O Q Z C A
Q Y K Y Y Y O Y
T I H P A C S
Y Y U Y Y H Y
T P L X A O S
T I A P A N S
G Y V Y S S Y

Aide le cochon à sortir du labyrinthe

Décryptage en Espagnol

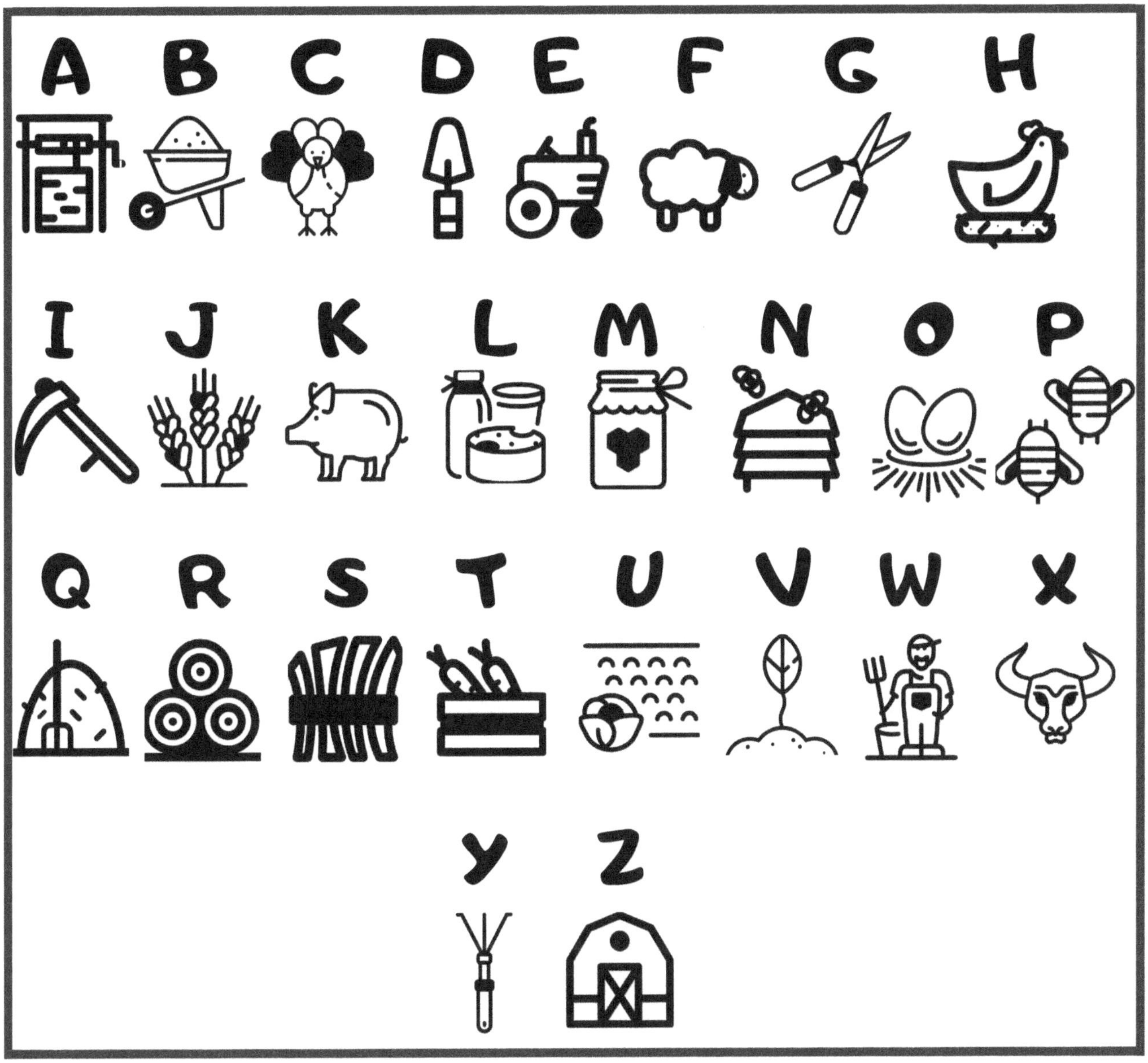

A	B	C	D	E	F	G	H

I	J	K	L	M	N	O	P

Q	R	S	T	U	V	W	X

y	z

Décrypte l'énigme qui te permettra de traduire "COCHON" en espagnol.

__ __ __ __ __ __

TRACTEUR

Ecrit le sans aide maintenant, tu sais le faire :)

Cherche le mot "TRACTEUR"

D L T T T P R
J F T Q R P A
Y A K Y A Y J
T I C P C Y S
Y I E T T Y G
T I V P E Y S
T I F P U U S
Y O L Y R Y C

Aide le tracteur à sortir du labyrinthe

Décryptage en Espagnol

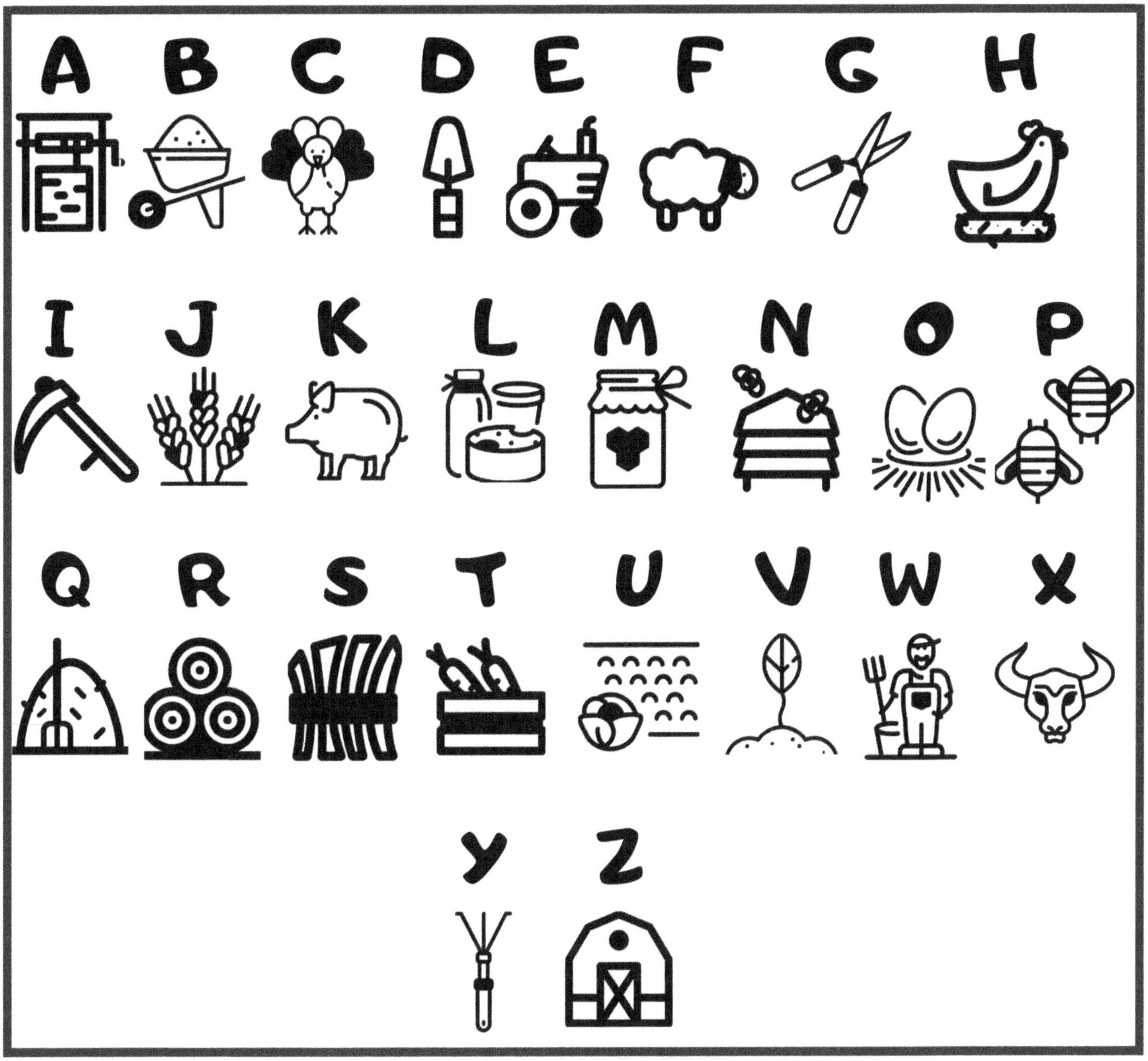

A	B	C	D	E	F	G	H

I	J	K	L	M	N	O	P

Q	R	S	T	U	V	W	X

Y	Z

Décrypte l'énigme qui te permettra de traduire **"TRACTEUR"** en espagnol.

___ ___ ___ ___ ___ ___ ___

POULE

Ecrit le sans aide maintenant, tu sais le faire :)

Cherche le mot "POULE"

O L K T P L R
J B T Q R P A
Y E K C U Y J
T I C P C Y S
Y I E T J Y G
P O U L E Y S
P I F P Q U S
Y O L Y R Y C

Aide la poule à sortir du labyrinthe

Décryptage en Espagnol

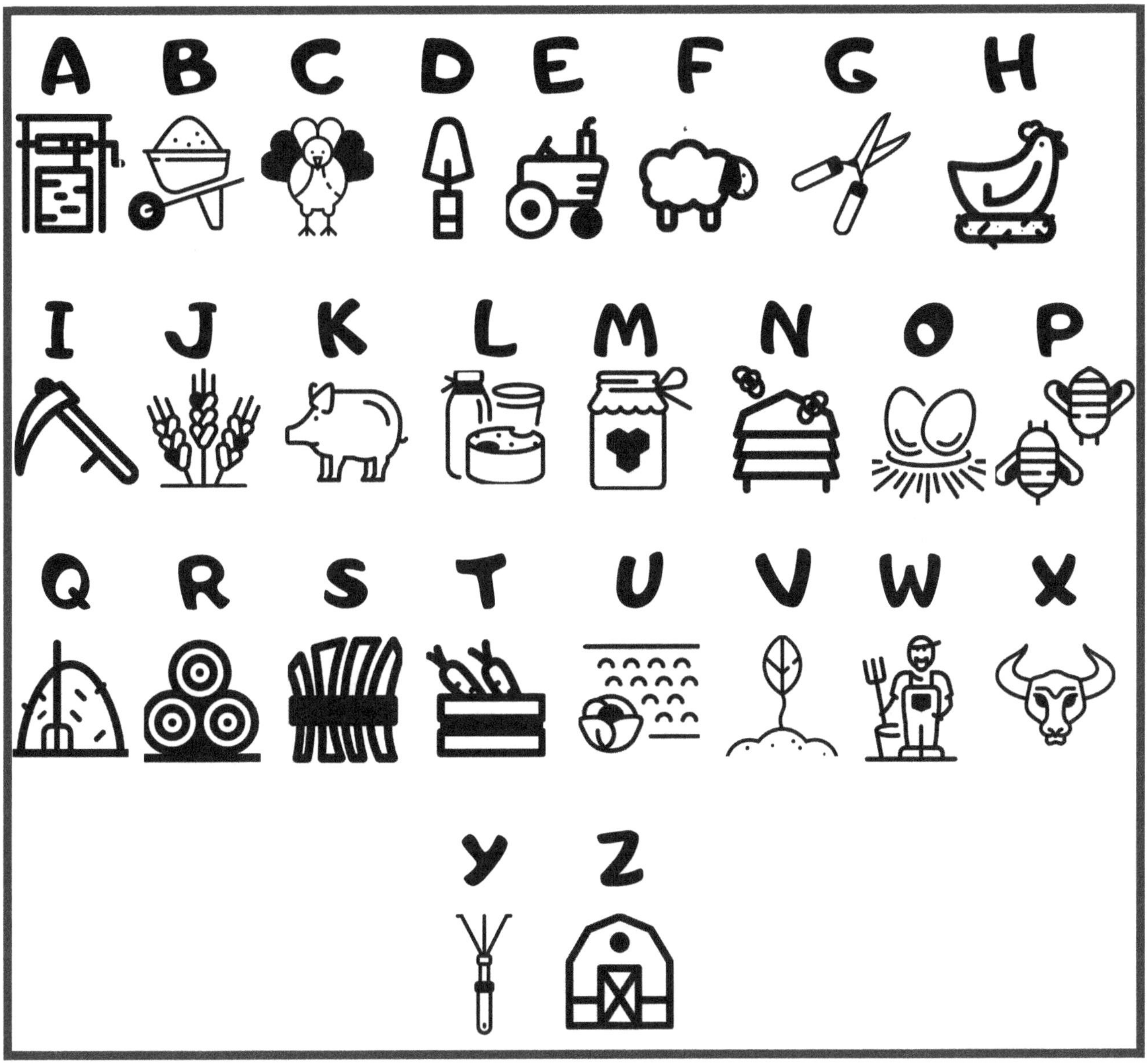

A	B	C	D	E	F	G	H

I	J	K	L	M	N	O	P

Q	R	S	T	U	V	W	X

Y	Z

Décrypte l'énigme qui te permettra de traduire "POULE" en espagnol.

___ ___ ___ ___ ___

MOUTON

Ecrit le sans aide maintenant, tu sais le faire :)

Cherche le mot "MOUTON"

```
D L U T T E R
J F T M U L E
Y A K O A Y G
T I C U K Y E
Y R E T T Y G
T E V O C Y S
F I T N U U S
Y O L O R A T
```

Aide le mouton à sortir du labyrinthe

Décryptage en Espagnol

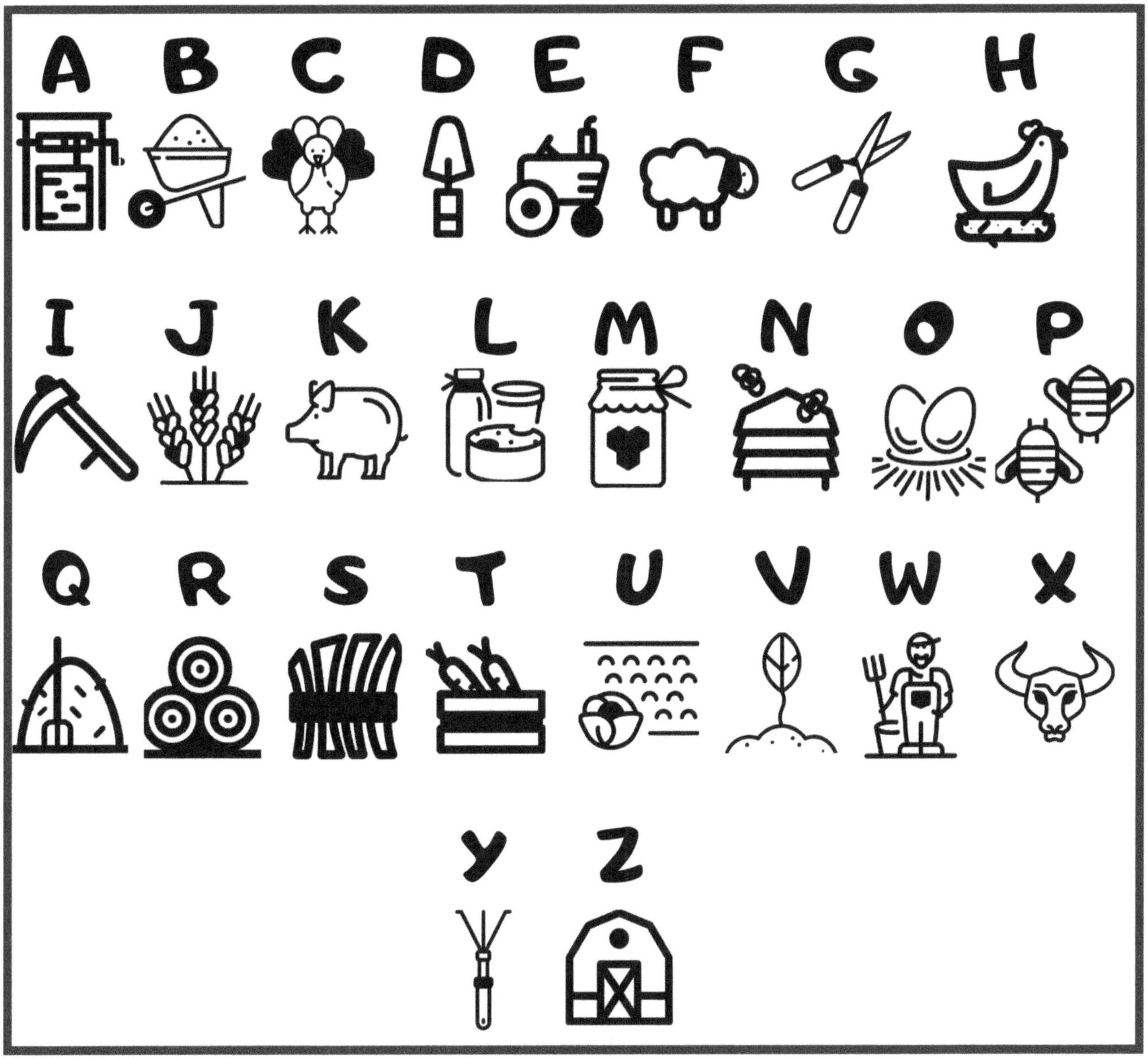

Décrypte l'énigme qui te permettra de traduire "MOUTON" en espagnol.

——— —— —— ——— ———

CANARD

Ecrit le sans aide maintenant, tu sais le faire :)

Cherche le mot "CANARD"

T L T T T T P R
J F T Q R R P A
P O K Y A F C
T I C P C P C Y A
Y I E T E T E Y N
T E B E D Y A
T I F P Y U R
F O L L R Y D

Aide le canard à sortir du labyrinthe

Décryptage en Espagnol

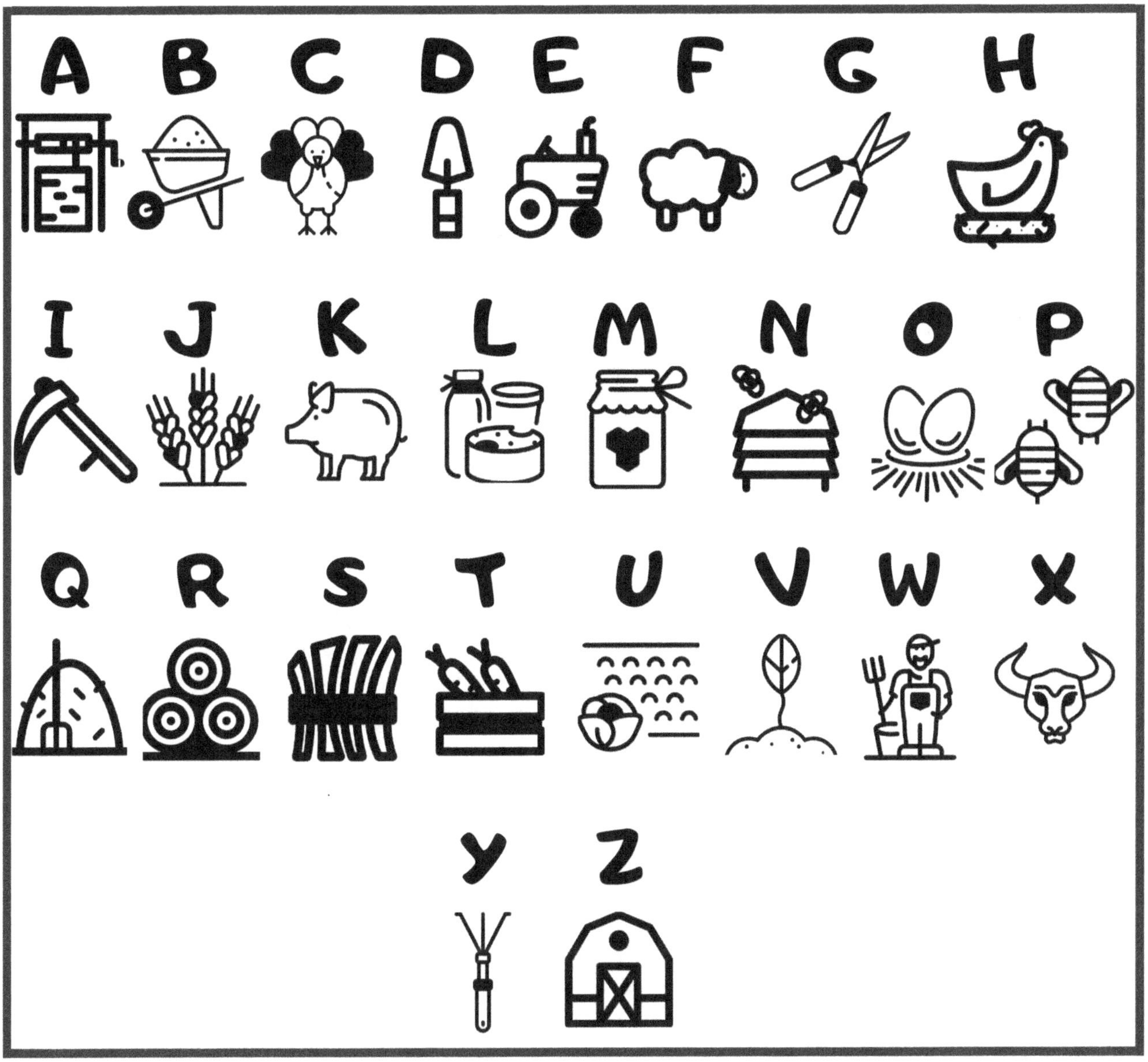

A	B	C	D	E	F	G	H

I	J	K	L	M	N	O	P

Q	R	S	T	U	V	W	X

Y	Z

Décrypte l'énigme qui te permettra de traduire "**CANARD**" en espagnol.

______ ______ ______ ______

COQ

Ecrit le sans aide maintenant, tu sais le faire :)

Cherche le mot "COQ"

O L X T P P R
J F T Q R P A
H A K Y U Y J
A I C P C Y S
Y I E T O H Q
T I H P Q Y S
T I J P X U S
Y A L Y E H C

Aide le coq à sortir du labyrinthe

Décryptage en Espagnol

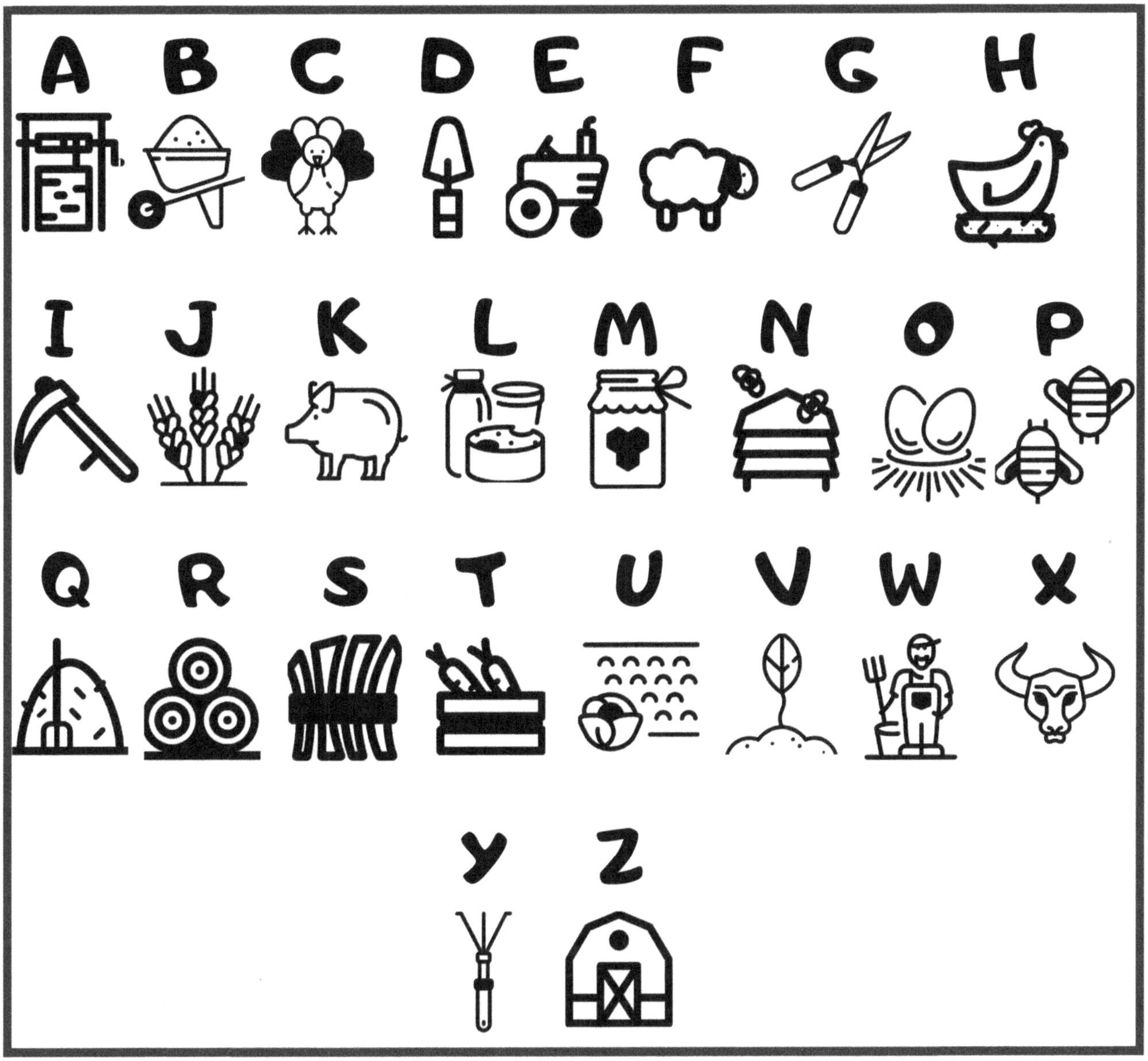

Décrypte l'énigme qui te permettra de traduire "COQ" en espagnol.

_____ _____ _____ _____ _____

Une grange

GRANGE GRANGE

GRANGE GRANGE

Ecrit le sans aide maintenant, tu sais le faire :)

D L T T B P R
E G R A N G E
H O P O Z Y J
T I C P C Y S
Y E E H T Y G
T I V P G Y C
H I F P N U S
Y D L Y R Y C

Aide Fred à trouver la grange

Décryptage en Espagnol

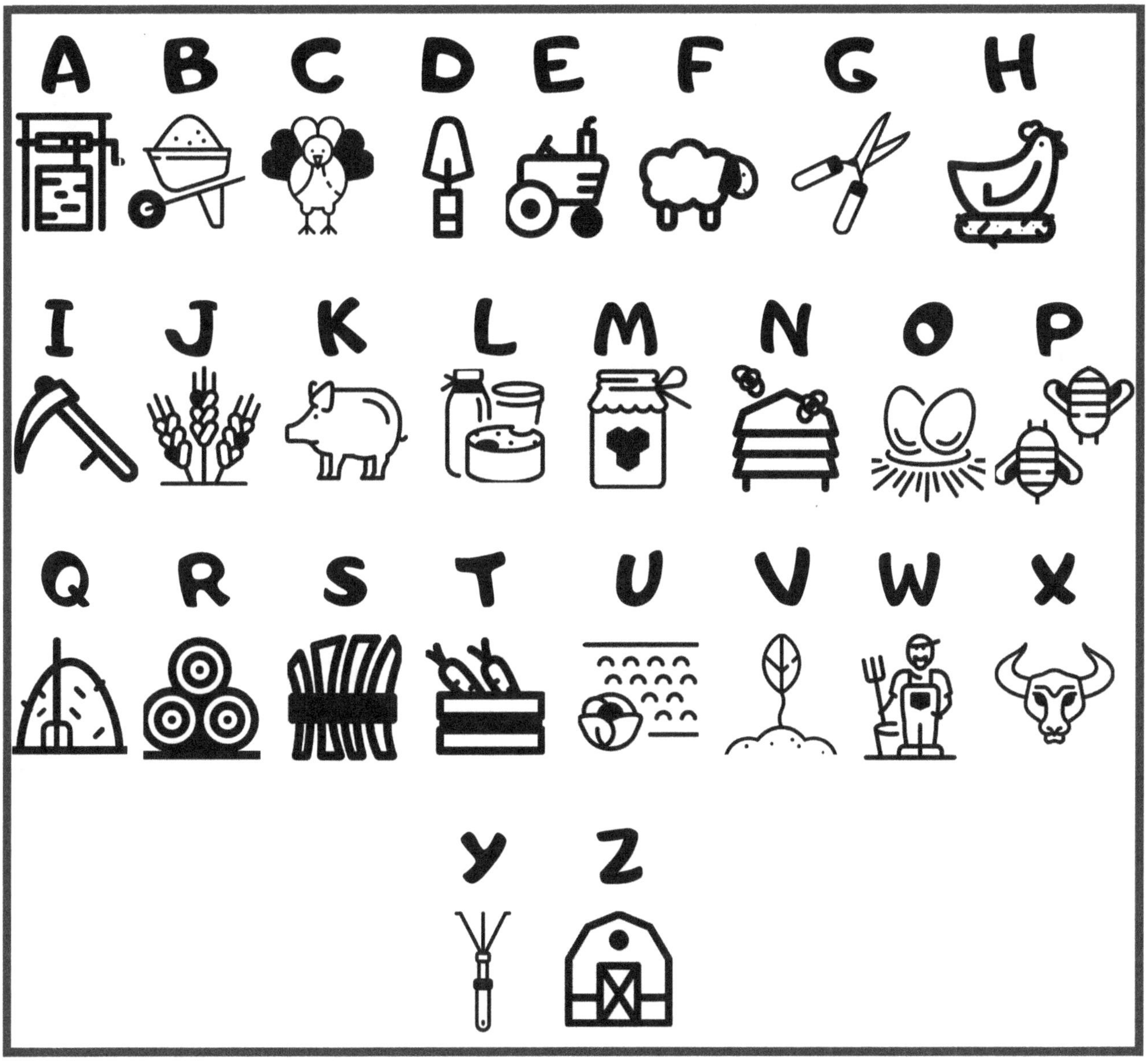

Décrypte l'énigme qui te permettra de traduire "GRANGE" en espagnol.

_____ _____ _____ _____ _____ _____

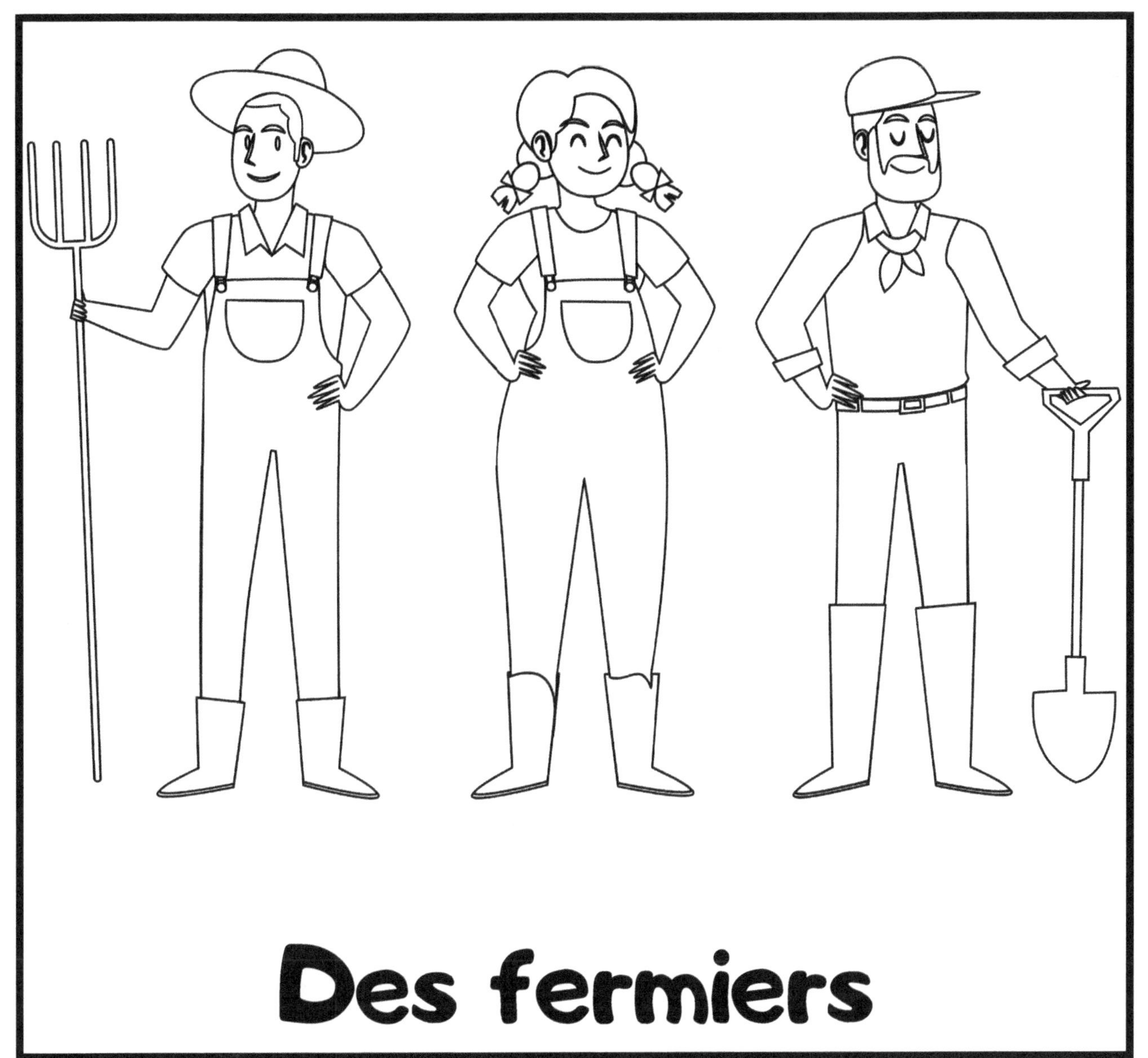

Des fermiers

FERMIER FERMIER

FERMIER FERMIER FERMIER

Ecrit le sans aide maintenant, tu sais le faire :)

Cherche le mot "FERMIER"

```
D L T E T P I
J F H F R P A
F A K E A Y J
T I C R C Y S
G I E M C Y G
T I V I E Y P
F I F E U U S
Y O L R R Y M
```

Aide le fermier à sortir du labyrinthe

Décryptage en Espagnol

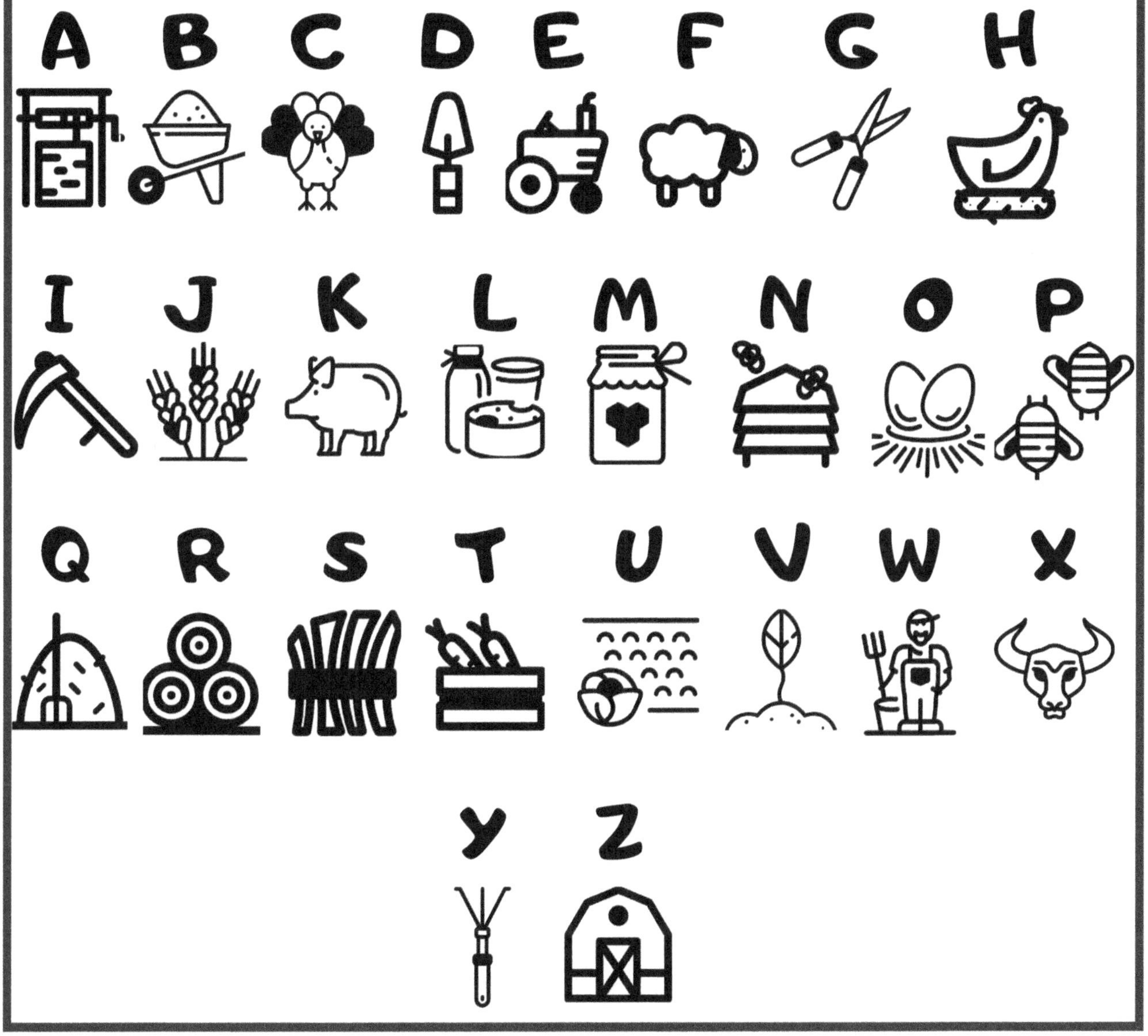

A B C D E F G H

I J K L M N O P

Q R S T U V W X

Y Z

Décrypte l'énigme qui te permettra de traduire "FERMIER" en espagnol.

____ ____ ____ ____ ____ ____ ____ ____

CHIEN

Ecrit le sans aide maintenant, tu sais le faire :)

Cherche le mot "CHIEN"

Q L T T C P T
J V T P R P A
V A K Y A R H
T U C P C Y S
H I E T E D G
V N V E E Y S
T S C H I E N
L O L Y R Y V

Aide le chien à sortir du labyrinthe

Décryptage en Espagnol

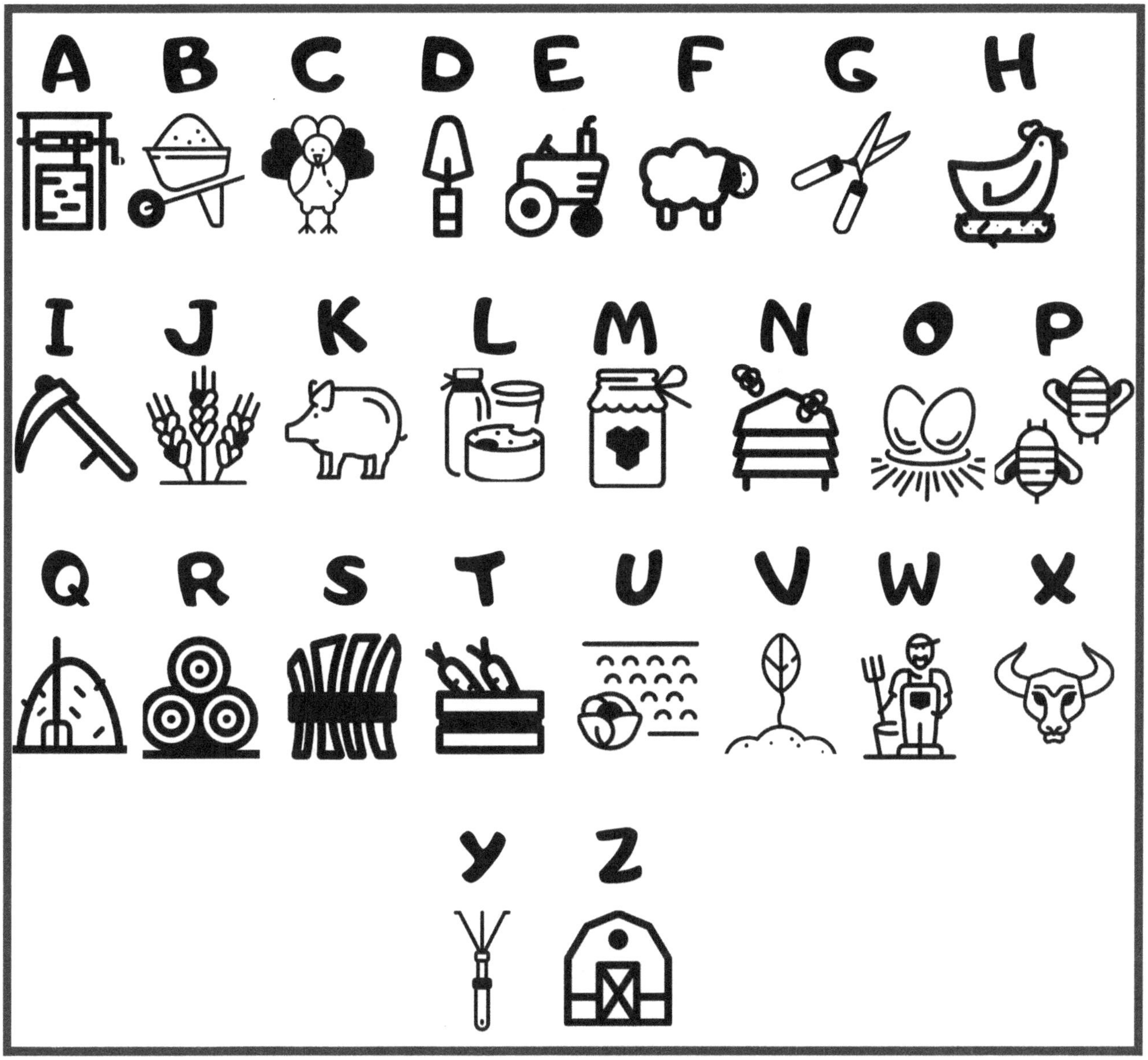

A	B	C	D	E	F	G	H
I	J	K	L	M	N	O	P
Q	R	S	T	U	V	W	X
			Y	Z			

Décrypte l'énigme qui te permettra de traduire "CHIEN" en espagnol.

___ ___ ___ ___ ___

www.ingramcontent.com/pod-product-compliance
Lightning Source LLC
Chambersburg PA
CBHW080000180726
48002CB00020B/2874